Inhaltsverzeichnis

AF214955

aufregend   Vollmond   unleserlich   Wasserfall

herausfinden   Geld   Stein   befreien   Bleistift

Hosentasche   Hafen   Uhr   Gewitter   treiben

geheim   Felsen   Freundin   Hausboot

Seeadler   Tinte   Fuchs   Krake

1 Wähle aus den Wörtern in der Flasche fünf Wörter aus, mit denen du eine Flaschenpost-Geschichte erfindest. Markiere die ausgesuchten Wörter.

2 Schreibe deine Geschichte auf. Verwende die markierten Wörter.

Eine Flaschenpost-Geschichte

korrigiert:

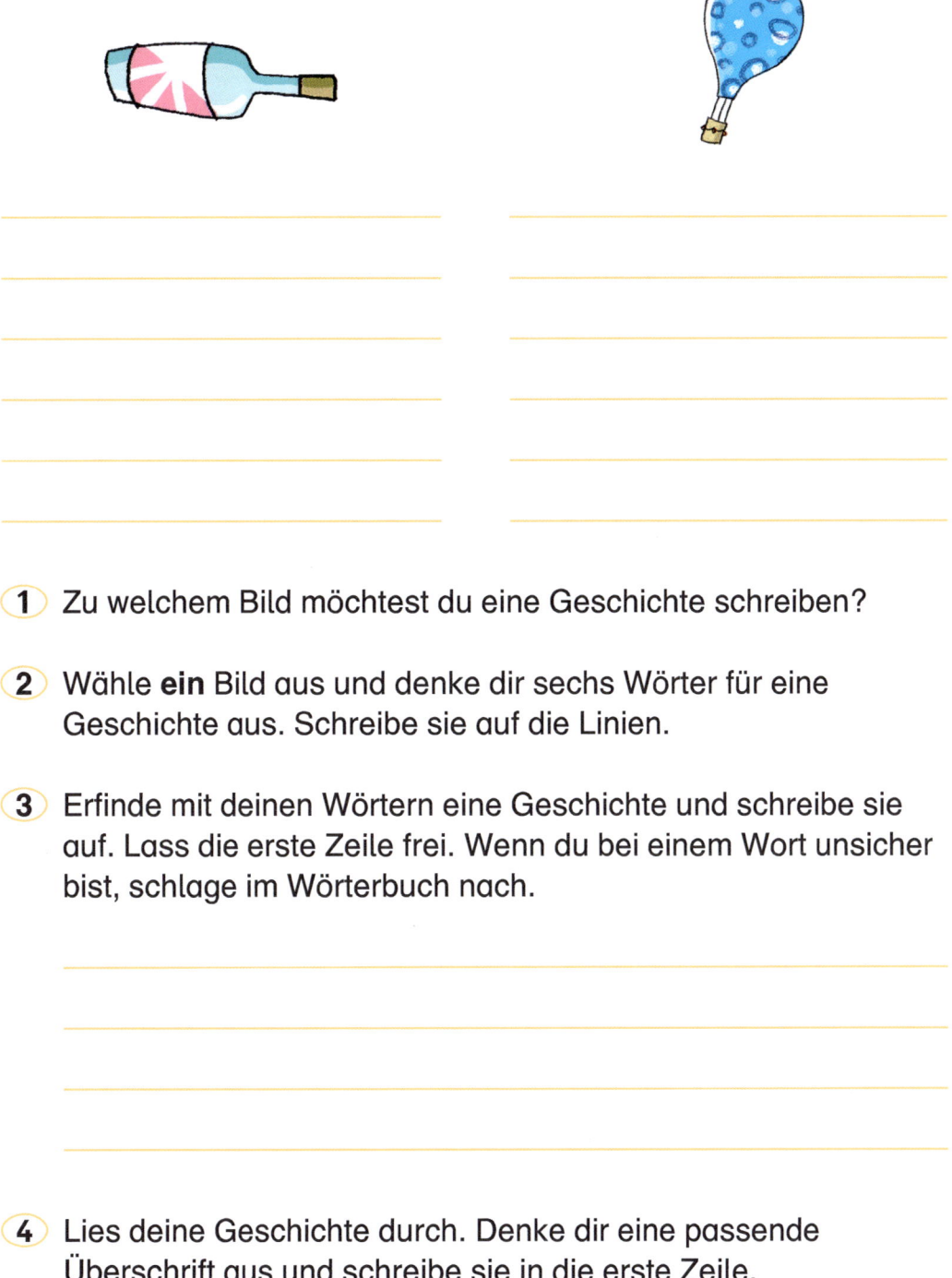

1 Zu welchem Bild möchtest du eine Geschichte schreiben?

2 Wähle **ein** Bild aus und denke dir sechs Wörter für eine
   Geschichte aus. Schreibe sie auf die Linien.

3 Erfinde mit deinen Wörtern eine Geschichte und schreibe sie
   auf. Lass die erste Zeile frei. Wenn du bei einem Wort unsicher
   bist, schlage im Wörterbuch nach.

4 Lies deine Geschichte durch. Denke dir eine passende
   Überschrift aus und schreibe sie in die erste Zeile.

korrigiert: ☐

Bankräuber   Zeugin
Täter   Taschendieb
Opfer   Kommissar
Polizistin   Angestellte
Fußgänger   Bande
Radfahrerin

Überfall   Bankraub
Diebstahl   Fälschung
Raub   Lüge   Verdacht
Schlägerei   Knall
Explosion   Feuer
Ohrfeige

Taxi   Straße   Bank
Park   Tunnel   Hausflur
Schulhof   Kaufhaus
Umkleidekabine   Versteck
Höhle   Bus   Schwimmbad
Fahrstuhl

Festnahme   Gefängnis
Strafe   Versprechen
Gespräch   Verhör
Verfolgungsjagd   Anruf
Fluchtauto   Handschellen

Auf den nächsten beiden Seiten kannst du zwischen zwei Aufgaben wählen: Seite 5 ist Aufgabe A. Seite 6 ist Aufgabe B.

1 Du kannst selbst einen Krimi bauen. Die Bausteine dazu findest du auf Seite 4. Lies dir alle Wörter durch. Zu welchen fällt dir sofort etwas ein?

2 Wähle mindestens zwei Wörter aus jeder Farbe aus. Notiere sie auf einem Zettel. Schreibe damit deinen Krimi.

3 Vergiss nicht:
   ● Was passierte?
   ● Wo passierte es?
   ● Welche Personen?
   ● Welches Ende hat der Krimi?

4 Lass die erste Zeile frei.

_____

_____

_____

_____

_____

_____

5 Lies deinen Krimi durch. Hast du die Fragen von Aufgabe 3 beachtet?

6 Suche dir ein Partnerkind. Gib ihm deinen Krimi und die Seite 4. Lass es herausfinden, welche Bausteine du verwendet hast.

korrigiert: ☐

1 Du kannst dir selbst einen Krimi bauen. Tippe mit geschlossenen Augen zweimal auf jeden Baustein auf S. 4. Markiere die so
gefundenen Wörter.

2 Schreibe mit diesen Wörtern deinen Krimi.

3 Vergiss nicht:
- Was passierte?
- Wo passierte es?
- Welche Personen?
- Welches Ende hat der Krimi?

4 Lass die erste Zeile frei.

5 Lies deinen Krimi durch. Hast du die markierten Wörter
verwendet?

6 Suche dir ein Partnerkind. Gib ihm deinen Krimi und die Seite 4.
Lass es herausfinden, welche Wörter du verwendet hast.

korrigiert:

Der Bankräuber   Wer ist verdächtig?

Der Augenzeuge war blind   Fußgänger und Radfahrer

Das geheime Versteck   **Die fleißige Angestellte**

Festnahme geglückt!   Die Nacht im Kaufhaus

Das Gespräch   **Pause auf dem Schulhof**

Der Diebstahl   Das ausführliche Protokoll

Zusammenstoß mit Fluchtauto?

1 Lies alle Überschriften. Welche findest du spannend? Markiere.

2 Denke dir für deinen Krimi drei spannende Überschriften aus.

3 Lies deinen Krimi (S. 5/6) noch einmal durch. Welche
Überschrift passt am besten? Schreibe sie in die freie Zeile.

Lies jemandem deine
Überschriften vor.
Sind sie spannend?

korrigiert:

Die Geschichte vom Wasabi-Leopardenbaby, das sich verlaufen hatte

Die Geschichte vom Wasabi-Stern, der ins Wasser fiel

Die Geschichte vom Wasabi-Gespenst, das die Blumenkönigin küsste

Die Geschichte vom tausendjährigen Wasabi-Baum, der viele Bewohner hatte

1 Sieh dir die Karte vom Wasabi-Land genau an.

2 Lies die Geschichten-Überschriften. Zu welchen Überschriften hast du sofort Ideen? Markiere sie.

korrigiert: ☐

Es war einmal …   Rund ums Feuer …   Eines Tages, als …

In der Krone des Baumes …   In brütender Hitze …

Am Rande einer Blumenwiese …   Bevor die Sonne …

Am Ufer des Flusses …

1 So könnten Geschichten aus dem Wasabi-Land beginnen. Lies und überlege, zu welchen Überschriften sie passen könnten.

2 Schreibe zu den Überschriften passende erste Sätze. Denke dir Satzanfänge aus oder wähle aus den Vorschlägen oben.

Die Geschichte vom Wasabi-Leopardenbaby, das sich verlaufen hatte

Die Geschichte vom Wasabi-Stern, der ins Wasser fiel

Die Geschichte vom Wasabi-Gespenst, das die Blumenkönigin küsste

Die Geschichte vom tausendjährigen Wasabi-Baum, der viele Bewohner hatte

korrigiert: ☐

9

1 Du hast jetzt schon viel über Wasabi-Geschichten nachgedacht. Welche Geschichte möchtest du schreiben?

2 Wähle eine Überschrift oder denke dir eine eigene aus und schreibe sie in die erste Zeile.

3 Schreibe deine Geschichte auf die Zeilen links.

4 Lies deine Geschichte. Passiert, was in der Überschrift steht?

5 Wenn du etwas verändern möchtest, schreibe es rechts auf. Überprüfe die Rechtschreibung.

6 Trage deine Geschichte hier ein. Du kannst die Zeichnung noch ergänzen/erweitern.

7 Ihr könnt in der Klasse ein Wasabi-Geschichtenbuch erstellen.

korrigiert: ☐

legt 2-5 Eier	lebt in Feuchtgebieten	frisst Rehe und kleine Säugetiere

rotbraunes, dunkel getupftes Fell	fliegt im Winter in den Süden	bringt 2-3 Junge zur Welt	lebt in Wäldern

größte Raubkatze Europas	frisst Frösche und Mäuse	schwarz-weißes Gefieder

1 Was passt zu Luchs/Storch? Markiere mit unterschiedlichen Farben.

2 Schreibe die passenden Stichwörter unter das richtige Bild und ergänze, was du selbst weißt.

korrigiert: ☐

**Tiersteckbrief
Luchs**

Aussehen:

Lebensraum:

Nahrung:

Nachwuchs:

Eigenschaften/Besonderheiten:

**Tiersteckbrief
Storch**

Aussehen:

Lebensraum:

Nahrung:

Nachwuchs:

Eigenschaften/Besonderheiten:

1 Schreibe für Luchs und Storch Steckbriefe. Verwende die Stichwörter von Seite 12.

korrigiert: ☐

Nicht nur zur Osterzeit …

Der Feldhase lebt in Wiesen, Feldern und auf Äckern. Er sucht
Schutz in Hecken, Büschen und Wäldern. Mit viel Glück kann er bis
zu 12 Jahre alt werden. Der Feldhase hat sehr lange Ohren. Der
Körper wird bis zu 65 cm groß. Seine Hinterbeine sind kräftig und
lang. Das Fell ist bräunlich, der Schwanz ist schwarz und hat eine
weiße Unterseite. Am liebsten frisst er Gräser, Wurzeln und Samen.
Der Feldhase bringt 3- bis 4-mal jährlich 1-3 Junge zur Welt. Die
Jungen können bei der Geburt sehen und sind behaart. Der Feldhase ist ein scheues Tier, er bewegt sich sehr schnell. Alle Kinder
kennen ihn auch als Osterhasen.

1 Lies den Text. Schreibe die Körperteile des Feldhasen
auf die Linien.

2 Male das Fell in den richtigen Farben.

3 Lies die Beschreibung des Feldhasen noch einmal.
Unterstreiche:
- Aussehen: rot
- Lebensraum: braun
- Nahrung: grün
- Nachwuchs: gelb
- Eigenschaften/Besonderheiten: blau.

4 Schreibe auf, was du unterstrichen hast.

Aussehen: _____

_____

_____

Lebensraum: _____

_____

Nahrung: _____

_____

Nachwuchs: _____

_____

Eigenschaften/Besonderheiten: _____

_____

korrigiert: ☐

Für gute Tiersteckbriefe braucht man treffende Adjektive.

schwarz-weißes Gefieder	rotbraunes, dunkel getupftes Fell	bräunliches Fell

1 Suche auf den Seiten 12-15, zu welchen Tieren die Adjektive in den Kästen oben passen. Schreibe ihre Namen auf die jeweilige Linie.

spannend geringelt gescheckt rau
glänzend gefleckt lockig dreieckig kariert
glatt sonnig verliebt gefleckt ungezogen
buschig gelblich windig bewölkt

2 Lies die Adjektive. Welche kann man **nicht** für einen Tiersteckbrief benutzen? Streiche sie durch.

3 Lege dir eine Adjektivsammlung für Tiersteckbriefe an. Schreibe die Adjektive von oben heraus und suche weitere.

Meine Adjektivsammlung für Tiersteckbriefe
geringelt,

korrigiert: ☐

1 Schreibe einen Steckbrief zu einem Tier, das du magst.

2 Besorge dir Informationen über dieses Tier. Du kannst in Sachbüchern nachschlagen oder im Internet recherchieren.

3 Trage in den Steckbrief ein, was du herausgefunden hast.

4 Suche ein Bild für dein Tier und klebe es in den leeren Kasten.

Tiersteckbrief

Aussehen:

Lebensraum:

Nahrung:

Nachwuchs:

Eigenschaften/Besonderheiten:

korrigiert:

17

Geschichten	👑	👑👑	👑👑👑	👑👑👑👑
1. Ich kann mit Wörtern Geschichten erfinden.				
2. Ich kann Geschichten zu Bildern erfinden.				
3. Ich kann Überschriften finden, die neugierig machen.				
4. Ich beachte beim Schreiben meiner Geschichten die W-Fragen.				
5. Ich kann mir zu Überschriften Geschichten ausdenken.				
6. Ich kann beim Schreiben und Überarbeiten das Wörterbuch benutzen.				

1 Lies dir die Punkte in Ruhe durch.

2 Kreuze an, wie du dich einschätzt.

Tiersteckbriefe	👑	👑👑	👑👑👑	👑👑👑👑
1. Ich kann Stichwörter den passenden Tierbildern zuordnen.				
2. Ich kann mit Stichwörtern einen Tiersteckbrief erstellen.				
3. Ich kann aus einem Text wichtige Informationen für einen Tiersteckbrief herausfinden.				
4. Ich kann Adjektive finden, die in einen Tiersteckbrief passen.				
5. Ich kann Informationen für einen Tiersteckbrief sammeln und daraus einen Tiersteckbrief erstellen.				

1 Lies dir die Punkte in Ruhe durch.

2 Kreuze an, wie du dich einschätzt.

Ich weiß über mein Lernen Bescheid.

1 Finde Wörter zu den beiden Oberbegriffen und schreibe sie auf die Linien.

Tiere

Uhu, Forelle, Hamster,

Möbel

Hocker, Kommode,

2 Hier haben sich Wörter eingeschlichen, die nicht zum Oberbegriff passen. Streiche sie durch.

Bäume	Fahrzeuge	Körperteile
Apfelbaum	Straßenbahn	
Tanne	Bus	
Buche	Kutsche	
Birne	Schlitten	
Fichte	Ampel	
Pappel	Lastwagen	
Birke	Taxi	
Ast	Autositz	

3 Fülle die leere Karteikarte zum Oberbegriff „Körperteile". Du darfst einen falschen Begriff verstecken. Lass jemand danach suchen.

Lies die Wörter dieser Seite noch einmal durch. Schlage nach, wenn du mit der Rechtschreibung unsicher bist.

4 Finde Oberbegriffe und schreibe sie in die Dächer.

5 Denke dir weitere Begriffe aus, die zu den Oberbegriffen passen und schreibe sie auf.

Hose, Mütze, Handschuhe,

Weintraube, Zitrone,

6 Lies, was in den Säckchen steht. Finde den Oberbegriff in jedem Säckchen heraus. Streiche ihn durch und schreibe ihn auf das Schild.

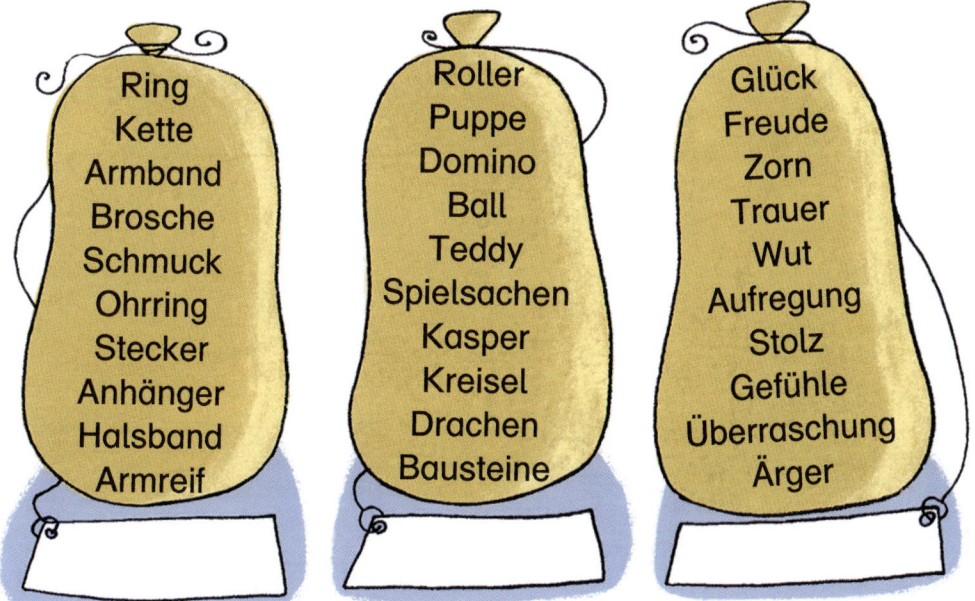

Ring	Roller	Glück
Kette	Puppe	Freude
Armband	Domino	Zorn
Brosche	Ball	Trauer
Schmuck	Teddy	Wut
Ohrring	Spielsachen	Aufregung
Stecker	Kasper	Stolz
Anhänger	Kreisel	Gefühle
Halsband	Drachen	Überraschung
Armreif	Bausteine	Ärger

korrigiert: ☐

1 Sortiere diese Nomen in die Tabelle ein. Schreibe sie mit ihrem jeweiligen Artikel auf.

Fuchs – Brille – Hausmeister – Schrank – Eiche – Veilchen – Hochhaus – Pony – Oma – Seestern – Löwenzahn – Mann

Menschen	Tiere

Pflanzen	Dinge

?! Suche zu jedem Oberbegriff ein weiteres Nomen.

2 Male alle Kästchen mit Nomen für Menschen, Tiere, Pflanzen und Dinge blau aus. Male die restlichen Kästchen gelb aus.

die Hoffnung   das Papier   die Katze   die Krankheit

der Knall   die Idee   der Papa   das Gras

der Gestank   die Party   das Glück   der Hunger

3 Sortiere die Nomen in den Kästchen, die du bei Aufgabe 2 gelb ausgemalt hast, hier ein.

Gefühle/Gedanken	Ereignisse

?! Suche zu jedem Oberbegriff ein weiteres Nomen.

4 Bilde zu diesen Nomen jeweils den Plural mit Artikel.

der Brief – _____

das Kind – _____

der Baum – _____

das Tor – _____

der Hund – _____

die Frau – _____

die Kiste – _____

der Löwe – _____

?! Im Plural heißt der Artikel immer: _____

korrigiert: ☐

Apfel

Obst

Ananas

Honig

Mohn

Streusel

Sand

Marmor

Pfirsich

Nuss

Käse

Vanille

1 So viele Kuchen … Schreibe und unterstreiche so:
der Apfelkuchen.

_____

_____

_____

_____

_____

2 Probiere aus, welche Wörter du mit dem Wort „Bürste"
zusammensetzen kannst. Streiche die Wörter aus,
die nicht passen.

Haar   Nagel

Schuh   Telefon

Kaffee   Holz

Luft   Klo

Zahn   Kleider

Stern   Quatsch

3 Schreibe die übrig gebliebenen so auf: die Kleiderbürste, …

_____

_____

_____

_____

4 Löse das Bilderrätsel. Schreibe die zusammengesetzten Nomen auf. Markiere die dazugekommenen Buchstaben.

+ n + = _____

+ er + = _____

+ e + = _____

5 Welche Buchstaben passen? Verbinde.

Achtung, es kommen ein oder zwei Buchstaben dazu.

Orange + Saft   Ansicht + Karte

Bild + Rahmen

er	s
n	e

Tomate + Salat   Pferd + Koppel

6 Schreibe die zusammengesetzten Nomen auf und markiere die Buchstaben, die hinzugekommen sind.

_____

_____

_____

7 Welche Buchstaben kommen hinzu? Setze ein und schreibe.

Advent + ☐ + Kranz _____

Küche + ☐ + Messer _____

Ei + ☐ + Schale _____

Bad + ☐ + Wanne _____

korrigiert: ☐

1 Was tun die Menschen auf den Bildern? Schreibe zu jedem Bild ein passendes Verb im Infinitiv.

_____

_____

_____

_____

_____

_____

2 Schreibe auf, was du gerne tust. Verwende den Infinitiv.

essen

3 Vervollständige die Sätze mit dem Verb „kaufen" in den unterschiedlichen Personalformen.

Die Endbausteine ändern sich mit den Personen.

Ich _____ Süßigkeiten.   Wir _____ Lose.

Du _____ eine Hose.   Ihr _____ T-Shirts.

Er _____ viele Sachen.   Sie _____ nichts.

?! Markiere die Endbausteine der Verben in Aufgabe 3 farbig.

Sie heißen: e | __ | __ | __ | __ | __

4 Schreibe die Sätze aus Aufgabe 3 im Präteritum.

Ich kaufte gestern _____

_____

_____

_____

_____

> Die Endbausteine ändern sich mit der Person und der Zeitform.

5 Markiere die Endbausteine in Aufgabe 5 farbig.

6 Fülle die Sprechblasen mit den Sätzen im Perfekt.

Ich habe gestern Süßigkeiten gekauft.

7 Kreise die Perfektformen in Aufgabe 7 farbig ein.

korrigiert: ☐

1 Wie sind die Menschen, Tiere, Pflanzen und Dinge?
Finde jeweils drei passende Adjektive.

nett

_____

_____

_____

_____

_____

_____

_____

_____

2 Vergleiche miteinander.
Setze ein passendes Adjektiv ein.

> Mit Adjektiven kannst du etwas beschreiben oder vergleichen.

Eine Giraffe ist _____ als eine Ameise.

Am Nordpol ist es _____ als in der Wüste.

1 Meter ist _____ als 1 Zentimeter.

Eine Königin ist _____ als eine Prinzessin.

Ein Stein ist _____ als eine Feder.

?! Finde selbst einen solchen Vergleich.

_____

_____

_____

_____

korrigiert: ☐

1 Setze in die Lücken passende Pronomen ein.

ich	wir
du	ihr
er/sie/es	sie

Meine Familie und ich fahren ans Meer. Dort werden _____
jeden Tag schwimmen.

Wo ist mein Geldbeutel? _____ habe ihn verloren.

Das Meerschweinchen liebt Salat und _____ wird gern
gestreichelt.

Leon! Deckst _____ bitte den Tisch?

Unsere Nachbarin ist nicht nett. Dauernd schimpft _____ .

Die Kinder der Klasse 3a machen eine Theateraufführung,
für die _____ viel geprobt haben.

Der Baum wurde vom Blitz getroffen. _____ ist abgebrannt.

Wie geht es euch? Hattet _____ auch die Grippe?

?! Erfinde eigene Sätze mit Pronomen.

_____

_____

_____

_____

_____

_____

korrigiert: ☐

29

Zu einer Wortsammlung
gehören Wörter unter-
schiedlicher Wortarten.

1 Schreibe alle Wörter auf, die zum Thema „Essen" passen.

die Mahlzeit

fressen

scharf

eckig

die Tür

finden

schmatzen

das Restaurant

süß

2 Finde noch weitere Wörter zum Thema „Essen" und schreibe
sie dazu.

3 Erstelle eine eigene Wörtersammlung, z. B. zu „streiten",
„Wetter", „rot" usw.

korrigiert:

1 Finde weitere Wörter, die zum Wortfeld „gehen" passen.

Zu einem Wortfeld gehören alle Wörter einer Wortart.

kriechen

gehen

laufen

2 Finde Wörter zu dem Wortfeld „sagen" und schreibe sie auf.

rufen

sagen

flüstern

3 Finde Wörter zu dem Wortfeld „sehen" und schreibe sie auf.

glotzen

schauen

sehen

korrigiert:

Die Teile des Satzes, die man umstellen kann, nennt man Satzglieder.

1 Bilde aus den Satzgliedern Sätze und schreibe sie auf.
Achte dabei auf die Großschreibung am Satzanfang.

heute   gehe   ich   ins Kino

_____

_____

_____

_____

2 Stelle die Satzglieder um und schreibe den veränderten Satz
auf. Kreise die Satzglieder beider Sätze ein.

Mein Bruder feiert seinen Geburtstag.

_____

_____

_____

_____

Satzglieder können aus einem oder mehreren Wörtern bestehen.

korrigiert: ☐

Lösungen Wörter-Stars 3

(zum Heraustrennen die mittlere Klammer lösen)

Eine Flaschenpost-Geschichte

aufregend   Vollmond   unleserlich   Wasserfall

herausfinden   Geld   Stein   befreien   Bleistift

Hosentasche   Hafen   Uhr   Gewitter   treiben

geheim   Felsen   Freundin   Hausboot

Seeadler   Tinte   Fuchs   Krake

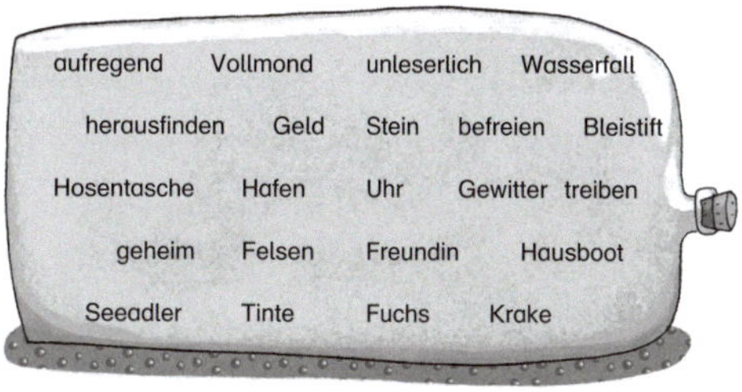

① Wähle aus den Wörtern in der Flasche fünf Wörter aus, mit denen du eine Flaschenpost-Geschichte erfindest. Markiere die ausgesuchten Wörter.

② Schreibe deine Geschichte auf. Verwende die markierten Wörter.

Eine Flaschenpost-Geschichte

Zeige deine Geschichte einem Erwachsenen.

2

Wörter machen Geschichten

_Zeige deine Wörter
einem Erwachsenen._

① Zu welchem Bild möchtest du eine Geschichte schreiben?

② Wähle **ein** Bild aus und denke dir sechs Wörter für eine Geschichte aus. Schreibe sie auf die Linien.

③ Erfinde mit deinen Wörtern eine Geschichte und schreibe sie auf. Lass die erste Zeile frei. Wenn du bei einem Wort unsicher bist, schlage im Wörterbuch nach.

Zeige deine Geschichte einem Erwachsenen.

④ Lies deine Geschichte durch. Denke dir eine passende Überschrift aus und schreibe sie in die erste Zeile.

3

Bausteine-Krimi

Bankräuber   Zeugin
Täter   Taschendieb
Opfer   Kommissar
Polizistin   Angestellte
Fußgänger   Bande
Radfahrerin

Überfall   Bankraub
Diebstahl   Fälschung
Raub   Lüge   Verdacht
Schlägerei   Knall
Explosion   Feuer
Ohrfeige

Taxi   Straße   Bank
Park   Tunnel   Hausflur
Schulhof   Kaufhaus
Umkleidekabine   Versteck
Höhle   Bus   Schwimmbad
Fahrstuhl

Festnahme   Gefängnis
Strafe   Versprechen
Gespräch   Verhör
Verfolgungsjagd   Anruf
Fluchtauto   Handschellen

Auf den nächsten beiden Seiten kannst du zwischen zwei Aufgaben wählen: Seite 5 ist Aufgabe A. Seite 6 ist Aufgabe B.

4

Bausteine-Krimi: Aufgabe A

① Du kannst selbst einen Krimi bauen. Die Bausteine dazu findest du auf Seite 4. Lies dir alle Wörter durch. Zu welchen fällt dir sofort etwas ein?

② Wähle mindestens zwei Wörter aus jeder Farbe aus. Notiere sie auf einem Zettel. Schreibe damit deinen Krimi.

③ Vergiss nicht:
  • Was passierte?
  • Wo passierte es?
  • Welche Personen?
  • Welches Ende hat der Krimi?

④ Lass die erste Zeile frei.

Zeige deinen Krimi einem Erwachsenen.

⑤ Lies deinen Krimi durch. Hast du die Fragen von Aufgabe 3 beachtet?

⑥ Suche dir ein Partnerkind. Gib ihm deinen Krimi und die Seite 4. Lass es herausfinden, welche Bausteine du verwendet hast.

5

① Du kannst dir selbst einen Krimi bauen. Tippe mit geschlossenen Augen zweimal auf jeden Baustein auf S. 4. Markiere die so gefundenen Wörter.

② Schreibe mit diesen Wörtern deinen Krimi.

③ Vergiss nicht:
- Was passierte?
- Wo passierte es?
- Welche Personen?
- Welches Ende hat der Krimi?

④ Lass die erste Zeile frei.

_____

Zeige deinen Krimi einem Erwachsenen.

_____

_____

_____

_____

⑤ Lies deinen Krimi durch. Hast du die markierten Wörter verwendet?

⑥ Suche dir ein Partnerkind. Gib ihm deinen Krimi und die Seite 4. Lass es herausfinden, welche Wörter du verwendet hast.

Der Bankräuber   Wer ist verdächtig?

Der Augenzeuge war blind   Fußgänger und Radfahrer

Das geheime Versteck   **Die fleißige Angestellte**

Festnahme geglückt!   Die Nacht im Kaufhaus

Das Gespräch   **Pause auf dem Schulhof**

Der Diebstahl   Das ausführliche Protokoll

Zusammenstoß mit Fluchtauto?

① Lies alle Überschriften. Welche findest du spannend? Markiere.

② Denke dir für deinen Krimi drei spannende Überschriften aus.

Zeige deine Überschriften einem Erwachsenen.

③ Lies deinen Krimi (S. 5/6) noch einmal durch. Welche Überschrift passt am besten? Schreibe sie in die freie Zeile.

Lies jemandem deine Überschriften vor. Sind sie spannend?

Die Geschichte vom Wasabi-Leopardenbaby, das sich verlaufen hatte

Die Geschichte vom Wasabi-Stern, der ins Wasser fiel

Die Geschichte vom Wasabi-Gespenst, das die Blumenkönigin küsste

Die Geschichte vom tausendjährigen Wasabi-Baum, der viele Bewohner hatte

① Sieh dir die Karte vom Wasabi-Land genau an.

② Lies die Geschichten-Überschriften. Zu welchen Überschriften hast du sofort Ideen? Markiere sie.

Es war einmal …   Rund ums Feuer …   Eines Tages, als …

In der Krone des Baumes …   In brütender Hitze …

Am Rande einer Blumenwiese …   Bevor die Sonne …

Am Ufer des Flusses …

① So könnten Geschichten aus dem Wasabi-Land beginnen. Lies und überlege, zu welchen Überschriften sie passen könnten.

② Schreibe zu den Überschriften passende erste Sätze. Denke dir Satzanfänge aus oder wähle aus den Vorschlägen oben.

Die Geschichte vom Wasabi-Leopardenbaby, das sich verlaufen hatte

_____

Die Geschichte vom Wasabi-Stern, der ins Wasser fiel

_____

Die Geschichte vom Wasabi-Gespenst, das die Blumenkönigin küsste

Zeige deine Sätze einem Erwachsenen.

Die Geschichte vom tausendjährigen Wasabi-Baum, der viele Bewohner hatte

Geschichte aus dem Wasabi-Land

1 Du hast jetzt schon viel über Wasabi-Geschichten nachgedacht. Welche Geschichte möchtest du schreiben?

2 Wähle eine Überschrift oder denke dir eine eigene aus und schreibe sie in die erste Zeile.

3 Schreibe deine Geschichte auf die Zeilen links.

Zeige deine Geschichte einem Erwachsenen.

4 Lies deine Geschichte. Passiert, was in der Überschrift steht?

5 Wenn du etwas verändern möchtest, schreibe es rechts auf. Überprüfe die Rechtschreibung.

6 Trage deine Geschichte hier ein. Du kannst die Zeichnung noch ergänzen/erweitern.

7 Ihr könnt in der Klasse ein Wasabi-Geschichtenbuch erstellen.

Tiere unterscheiden

legt 2-5 Eier	lebt in Feuchtgebieten	frisst Rehe und kleine Säugetiere
rotbraunes, dunkel getupftes Fell	fliegt im Winter in den Süden	lebt in Wäldern
	bringt 2-3 Junge zur Welt	
größte Raubkatze Europas	frisst Frösche und Mäuse	schwarz-weißes Gefieder

1 Was passt zu Luchs/Storch? Markiere mit unterschiedlichen Farben.

2 Schreibe die passenden Stichwörter unter das richtige Bild und ergänze, was du selbst weißt.

legt 2-5 Eier; lebt in Feuchtgebieten; fliegt im Winter in den Süden; frisst Frösche und Mäuse; schwarz-weißes Gefieder

frisst Rehe und kleine Säugetiere; rotbraunes, dunkel getupftes Fell; bringt 2-3 Junge zur Welt; lebt in Wäldern; größte Raubkatze Europas

---

Tiersteckbriefe: Luchs und Storch

Tiersteckbrief Luchs

Aussehen:
rotbraunes, dunkel getupftes Fell

Lebensraum:
lebt in Wäldern

Nahrung:
frisst Rehe und kleine Säugetiere

Nachwuchs:
bringt 2-3 Junge zur Welt

Eigenschaften/Besonderheiten:
größte Raubkatze Europas

Tiersteckbrief Storch

Aussehen:
schwarz-weißes Gefieder

Lebensraum:
lebt in Feuchtgebieten

Nahrung:
frisst Frösche und Mäuse

Nachwuchs:
legt 2-5 Eier

Eigenschaften/Besonderheiten:
fliegt im Winter in den Süden

1 Schreibe für Luchs und Storch Steckbriefe. Verwende die Stichwörter von Seite 12.

Nicht nur zur Osterzeit …

Der Feldhase lebt <u>in Wiesen, Feldern und auf Äckern</u>. Er sucht Schutz in Hecken, Büschen und Wäldern. Mit viel Glück kann er bis zu 12 Jahre alt werden. Der Feldhase hat <u>sehr lange Ohren</u>. Der Körper wird <u>bis zu 65 cm groß</u>. Seine Hinterbeine sind kräftig und lang. Das <u>Fell ist bräunlich</u>, der Schwanz ist schwarz und hat eine <u>weiße Unterseite</u>. Am liebsten frisst er <u>Gräser, Wurzeln und Samen</u>. Der Feldhase bringt <u>3- bis 4-mal jährlich 1-3 Junge</u> zur Welt. Die Jungen können bei der Geburt sehen und sind behaart. Der Feldhase ist ein <u>scheues Tier</u>, er <u>bewegt sich sehr schnell</u>. Alle Kinder kennen ihn auch als Osterhasen.

Ohren

Hinterbeine

Fell

Schwanz

(1) Lies den Text. Schreibe die Körperteile des Feldhasen auf die Linien.

(2) Male das Fell in den richtigen Farben.

14

---

(3) Lies die Beschreibung des Feldhasen noch einmal. Unterstreiche:
- Aussehen: rot
- Lebensraum: braun
- Nahrung: grün
- Nachwuchs: gelb
- Eigenschaften/Besonderheiten: blau

(4) Schreibe auf, was du unterstrichen hast.

Aussehen: *sehr lange Ohren, bräunliches Fell, Schwanz schwarz und unten weiß, bis 65 cm groß*

Lebensraum: *in Wiesen, Feldern und auf Äckern*

Nahrung: *Gräser, Wurzeln, Samen*

Nachwuchs: *1-3 Junge 3-4 mal jährlich*

Eigenschaften/Besonderheiten: *scheu, sehr schnell*

15

Adjektive für einen Tiersteckbrief

Für gute Tiersteckbriefe braucht man treffende Adjektive.

schwarz-weißes Gefieder

rotbraunes, dunkel getupftes Fell

bräunliches Fell

Storch

Luchs

Feldhase

(1) Suche auf den Seiten 12-15, zu welchen Tieren die Adjektive in den Kästen oben passen. Schreibe ihre Namen auf die jeweilige Linie.

~~spannend~~ geringelt gescheckt rau glänzend gefleckt lockig ~~dreieckig~~ ~~kariert~~ glatt ~~sonnig~~ ~~verliebt~~ gefleckt ungezogen buschig gelblich ~~windig~~ ~~bewölkt~~

(2) Lies die Adjektive. Welche kann man **nicht** für einen Tiersteckbrief benutzen? Streiche sie durch.

(3) Lege dir eine Adjektivsammlung für Tiersteckbriefe an. Schreibe die Adjektive von oben heraus und suche weitere.

Meine Adjektivsammlung für Tiersteckbriefe
geringelt, *gescheckt, rau, glänzend, gefleckt, lockig, glatt, buschig, gelblich*

16

Mein Tiersteckbrief

(1) Schreibe einen Steckbrief zu einem Tier, das du magst.

(2) Besorge dir Informationen über dieses Tier. Du kannst in Sachbüchern nachschlagen oder im Internet recherchieren.

(3) Trage in den Steckbrief ein, was du herausgefunden hast.

(4) Suche ein Bild für dein Tier und klebe es in den leeren Kasten.

Tiersteckbrief

Aussehen:

Lebensraum:

Zeige deinen Steckbrief einem Erwachsenen.

Nahrung:

Nachwuchs:

Eigenschaften/Besonderheiten:

17

Geschichten	👑	👑👑	👑👑👑	👑👑👑👑
1. Ich kann mit Wörtern Geschichten erfinden.				
2. Ich kann Geschichten zu Bildern erfinden.				
3. Ich kann Überschriften finden, die neugierig machen.				
4. Ich beachte beim Schreiben meiner Geschichten die W-Fragen.				
5. Ich kann mir zu Überschriften Geschichten ausdenken.				
6. Ich kann beim Schreiben und Überarbeiten das Wörterbuch benutzen.				

1 Lies dir die Punkte in Ruhe durch.

2 Kreuze an, wie du dich einschätzt.

18

Tiersteckbriefe	👑	👑👑	👑👑👑	👑👑👑👑
1. Ich kann Stichwörter den passenden Tierbildern zuordnen.				
2. Ich kann mit Stichwörtern einen Tiersteckbrief erstellen.				
3. Ich kann aus einem Text wichtige Informationen für einen Tiersteckbrief herausfinden.				
4. Ich kann Adjektive finden, die in einen Tiersteckbrief passen.				
5. Ich kann Informationen für einen Tiersteckbrief sammeln und daraus einen Tiersteckbrief erstellen.				

1 Lies dir die Punkte in Ruhe durch.

2 Kreuze an, wie du dich einschätzt.

Ich weiß über mein Lernen Bescheid.

19

Oberbegriffe

1 Finde Wörter zu den beiden Oberbegriffen und schreibe sie auf die Linien.

Tiere
Uhu, Forelle, Hamster,

Möbel
Hocker, Kommode,

2 Hier haben sich Wörter eingeschlichen, die nicht zum Oberbegriff passen. Streiche sie durch.

Bäume	Fahrzeuge	Körperteile
Apfelbaum	Straßenbahn	
Tanne	Bus	
Buche	Kutsche	
~~Birne~~	Schlitten	
Fichte	~~Ampel~~	
Pappel	Lastwagen	
Birke	Taxi	
~~Ast~~	~~Autositz~~	

3 Fülle die leere Karteikarte zum Oberbegriff „Körperteile". Du darfst einen falschen Begriff verstecken. Lass jemand danach suchen.

Lies die Wörter dieser Seite noch einmal durch. Schlage nach, wenn du mit der Rechtschreibung unsicher bist.

20

---

4 Finde Oberbegriffe und schreibe sie in die Dächer.

5 Denke dir weitere Begriffe aus, die zu den Oberbegriffen passen und schreibe sie auf.

Kleidung
Hose, Mütze,
Handschuhe,

Obst
Weintraube, Zitrone,

6 Lies, was in den Säckchen steht. Finde den Oberbegriff in jedem Säckchen heraus. Streiche ihn durch und schreibe ihn auf das Schild.

Ring	Roller	Glück
Kette	Puppe	Freude
Armband	Domino	Zorn
Brosche	Ball	Trauer
~~Schmuck~~	Teddy	Wut
Ohrring	~~Spielsachen~~	Aufregung
Stecker	Kasper	Stolz
Anhänger	Kreisel	~~Gefühle~~
Halsband	Drachen	Überraschung
Armreif	Bausteine	Ärger

Schmuck | Spielsachen | Gefühle

21

① Sortiere diese Nomen in die Tabelle ein. Schreibe sie mit ihrem jeweiligen Artikel auf.

Fuchs – Brille – Hausmeister – Schrank – Eiche – Veilchen – Hochhaus – Pony – Oma – Seestern – Löwenzahn – Mann

Menschen	Tiere
der Hausmeister	der Fuchs
die Oma	das Pony
der Mann	der Seestern

Pflanzen	Dinge
die Eiche	die Brille
das Veilchen	der Schrank
der Löwenzahn	das Hochhaus

⚡! Suche zu jedem Oberbegriff ein weiteres Nomen.

② Male alle Kästchen mit Nomen für Menschen, Tiere, Pflanzen und Dinge blau aus. Male die restlichen Kästchen gelb aus.

die Hoffnung — das Papier — die Katze — die Krankheit
der Knall — die Idee — der Papa — das Gras
der Gestank — die Party — das Glück — der Hunger

③ Sortiere die Nomen in den Kästchen, die du bei Aufgabe 2 gelb ausgemalt hast, hier ein.

Gefühle/Gedanken	Ereignisse
die Hoffnung	der Knall
die Idee	die Party
das Glück	die Krankheit
der Hunger	der Gestank

⚡! Suche zu jedem Oberbegriff ein weiteres Nomen.

④ Bilde zu diesen Nomen jeweils den Plural mit Artikel.

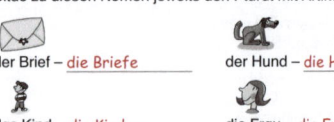

der Brief – die Briefe   der Hund – die Hunde

das Kind – die Kinder   die Frau – die Frauen

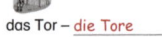 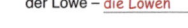

der Baum – die Bäume   die Kiste – die Kisten

das Tor – die Tore   der Löwe – die Löwen

⚡! Im Plural heißt der Artikel immer: die

Apfel   Sand
Obst   Marmor
Ananas   Pfirsich
Honig   Nuss
Mohn   Käse
Streusel   Vanille

① So viele Kuchen … Schreibe und unterstreiche so:
der Apfelkuchen.

Obstkuchen, Ananaskuchen, Honigkuchen, Mohnkuchen,
Streuselkuchen, Sandkuchen, Marmorkuchen, Pfirsichkuchen,
Nusskuchen, Käsekuchen, Vanillekuchen

② Probiere aus, welche Wörter du mit dem Wort „Bürste" zusammensetzen kannst. Streiche die Wörter aus, die nicht passen.

Haar Nagel   ~~Luft~~ Klo
Schuh ~~Telefon~~   Zahn Kleider
~~Kaffee~~ Holz   ~~Stern~~ ~~Quatsch~~

③ Schreibe die übrig gebliebenen so auf: die Kleiderbürste, …

Haarbürste, Nagelbürste, Schuhbürste, Holzbürste,
Klobürste, Zahnbürste, Kleiderbürste

④ Löse das Bilderrätsel. Schreibe die zusammengesetzten Nomen auf. Markiere die dazugekommenen Buchstaben.

+ n + = Blumentopf
+ er + = Kleiderschrank
+ e + = Hundeleine

⑤ Welche Buchstaben passen? Verbinde.

Achtung, es kommen ein oder zwei Buchstaben dazu.

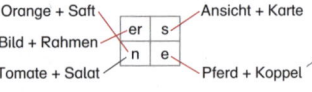

Orange + Saft   Ansicht + Karte
Bild + Rahmen
Tomate + Salat   Pferd + Koppel

(Kästchen: er s / n e)

⑥ Schreibe die zusammengesetzten Nomen auf und markiere die Buchstaben, die hinzugekommen sind.

Orangensaft, Bilderrahmen, Tomatensalat, Ansichtskarte,
Pferdekoppel

⑦ Welche Buchstaben kommen hinzu? Setze ein und schreibe.

Advent + [s] + Kranz   Adventskranz
Küche + [n] + Messer   Küchenmesser
Ei + [er] + Schale   Eierschale
Bad + [e] + Wanne   Badewanne

Wortart Verb

(1) Was tun die Menschen auf den Bildern? Schreibe zu jedem Bild ein passendes Verb im Infinitiv.

 schreiben   _kochen_

 schlafen   _schwimmen_

 klettern   _putzen_

(2) Schreibe auf, was du gerne tust. Verwende den Infinitiv.

> _essen_
> _Zeige deine Wörter einem Erwachsenen._

(3) Vervollständige die Sätze mit dem Verb „kaufen" in den unterschiedlichen Personalformen.

Die Endbausteine ändern sich mit den Personen.

Ich _kaufe|_ Süßigkeiten.   Wir _kaufen|_ Lose.

Du _kaufst|_ eine Hose.   Ihr _kauft|_ T-Shirts.

Er _kauft|_ viele Sachen.   Sie _kaufen|_ nichts.

?! Markiere die Endbausteine der Verben in Aufgabe 3 farbig.

Sie heißen: _e_ | _st_ | _t_ | _en_ | _t_ | _en_

26

---

(4) Schreibe die Sätze aus Aufgabe 3 im Präteritum.

_Ich kauf_te_ gestern Süßigkeiten._

_Du kauf_test|_ gestern eine Hose._

_Er kauf_te|_ gestern viele Sachen._

_Wir kauf_ten|_ gestern Lose._
Die Endbausteine ändern sich mit der Person und der Zeitform.

_Ihr kauf_tet|_ gestern T-Shirts._

_Sie kauf_ten|_ gestern nichts._

(5) Markiere die Endbausteine in Aufgabe 5 farbig.

(6) Fülle die Sprechblasen mit den Sätzen im Perfekt.

> Ich (habe) gestern Süßigkeiten (gekauft).

> Du (hast) gestern eine Hose (gekauft).

> Er (hat) gestern viele Sachen (gekauft).

> Wir (haben) gestern Lose (gekauft).

> Ihr (habt) gestern T-Shirts (gekauft).

> Sie (haben) gestern nichts (gekauft).

(7) Kreise die Perfektformen in Aufgabe 7 farbig ein.

27

Wortart Adjektiv

(1) Wie sind die Menschen, Tiere, Pflanzen und Dinge? Finde jeweils drei passende Adjektive.

nett
z. B. alt
freundlich

z. B. grün
stachlig
kuglig

z. B. gefährlich
schnell
gierig

z. B. kalt
lecker
süß

(2) Vergleiche miteinander. Setze ein passendes Adjektiv ein.

Mit Adjektiven kannst du etwas beschreiben oder vergleichen.

Eine Giraffe ist _größer_ als eine Ameise.

Am Nordpol ist es _kälter_ als in der Wüste.

1 Meter ist _länger_ als 1 Zentimeter.

Eine Königin ist _älter/schöner_ als eine Prinzessin.

Ein Stein ist _schwerer_ als eine Feder.

?! Finde selbst einen solchen Vergleich.

> _Zeige deinen Satz_
> _einem Erwachsenen._

28

Wortart Pronomen

(1) Setze in die Lücken passende Pronomen ein.

ich	wir
du	ihr
er/sie/es	sie

Meine Familie und ich fahren ans Meer. Dort werden _wir_ jeden Tag schwimmen.

Wo ist mein Geldbeutel? _Ich_ habe ihn verloren.

Das Meerschweinchen liebt Salat und _es_ wird gern gestreichelt.

Leon! Deckst _du_ bitte den Tisch?

Unsere Nachbarin ist nicht nett. Dauernd schimpft _sie_ .

Die Kinder der Klasse 3a machen eine Theateraufführung, für die _sie_ viel geprobt haben.

Der Baum wurde vom Blitz getroffen. _Er_ ist abgebrannt.

Wie geht es euch? Hattet _ihr_ auch die Grippe?

?! Erfinde eigene Sätze mit Pronomen.

> _Zeige deine Sätze_
> _einem Erwachsenen._

29

Wörtersammlung

Zu einer Wortsammlung gehören Wörter unterschiedlicher Wortarten.

① Schreibe alle Wörter auf, die zum Thema „Essen" passen.

die Mahlzeit ────────

──────── fressen

scharf   die Mahlzeit, scharf, schmatzen,
süß, das Restaurant, fressen

eckig

die Tür

finden

z.B. schlemmen, sauer, das Frühstück,
die Nudel

schmatzen ────────

──────── das Restaurant

süß ────────

② Finde noch weitere Wörter zum Thema „Essen" und schreibe sie dazu.

③ Erstelle eine eigene Wörtersammlung, z.B. zu „streiten", „Wetter", „rot" usw.

30

Wortfelder

① Finde weitere Wörter, die zum Wortfeld „gehen" passen.

Zu einem Wortfeld gehören alle Wörter einer Wortart.

```
                kriechen
    z.B. rennen, schlurfen, spurten, sprinten, schlendern
gehen
                                        laufen
```

② Finde Wörter zu dem Wortfeld „sagen" und schreibe sie auf.

```
                rufen
                                sagen
    z.B. wispern, erzählen, berichten, antworten, schreien
flüstern
```

③ Finde Wörter zu dem Wortfeld „sehen" und schreibe sie auf.

```
                                glotzen
schauen
    z.B. gucken, gaffen, erblicken, anstarren, beobachten

                sehen
```

31

Satzglieder umstellen

Die Teile des Satzes, die man umstellen kann, nennt man Satzglieder.

① Bilde aus den Satzgliedern Sätze und schreibe sie auf. Achte dabei auf die Großschreibung am Satzanfang.

heute   gehe   ich   ins Kino

Heute gehe ich ins Kino.

Ins Kino gehe ich heute.

Ich gehe heute ins Kino.

Gehe ich heute ins Kino?

② Stelle die Satzglieder um und schreibe den veränderten Satz auf. Kreise die Satzglieder beider Sätze ein.

Mein Bruder feiert seinen Geburtstag.

(Seinen Geburtstag) (feiert) (mein Bruder).

(Feiert) (mein Bruder) (seinen Geburtstag)?

Satzglieder können aus einem oder mehreren Wörtern bestehen.

32

Sätze mit Satzgliedern erweitern

① Erweitere den Satz. Schreibe auf.

Paul   liest

ein Buch   in den Ferien   auf dem Sofa   mit Vergnügen

z.B. Paul liest ein Buch.

Paul liest in den Ferien ein Buch.

Paul liest in den Ferien auf dem Sofa ein Buch.

Paul liest in den Ferien auf dem Sofa mit Vergnügen ein Buch.

② Erweitere mit passenden Satzgliedern. Schreibe den Satz auf.

Anna und Paul   besuchen   ihre Tante

heute   in der Stadt   am Meer   kaufen

z.B. Anna und Paul besuchen heute ihre Tante.

Anna und Paul besuchen heute ihre Tante in der Stadt.

Anna und Paul besuchen ihre Tante am Meer.

③ Finde passende Satzglieder. Schreibe auf.

Anna   läuft

z.B. Anna läuft schnell nach Hause.

Anna läuft zu ihrer Freundin.

Anna läuft am Morgen durch den Wald.

33

① Welche Satzglieder müssen für einen vollständigen Satz
stehenbleiben?
Streiche die anderen weg.
Schreibe die gekürzten Sätze auf.

Beispiel:

Die Katze schleicht in der Früh aus dem Haus.

Die Katze schleicht.

Sema und Anne lachen in der Schule über einen Witz.

Sema und Anne lachen.

Der Zug fährt heute mit Verspätung.

Der Zug fährt.

Der Wasserhahn in der Küche tropft seit Stunden.

Der Wasserhahn tropft.

Paul spielt mit seinem Ball im Regen.

Paul spielt.

Grammatik	👑	👑👑	👑👑👑	👑👑👑👑
1. Ich kann Nomen nach Oberbegriffen ordnen.				
2. Ich kann Verben in unterschiedlichen Personalformen benutzen.				
3. Ich kann Verben im Präteritum und im Perfekt benutzen.				
4. Ich kann Pronomen in Sätze einfügen.				
5. Ich kann mit Adjektiven vergleichen.				
6. Ich kann Pronomen in Sätzen verwenden.				
7. Ich kann Satzglieder umstellen.				
8. Ich kann Sätze mit Satzgliedern erweitern.				
9. Ich kann Satzglieder weglassen.				

① Lies dir die Punkte in Ruhe durch.

② Kreuze an, wie du dich einschätzt.

Ich weiß über mein Lernen Bescheid.

Achtung: Manche Laute werden mit 2 oder 3 Buchstaben geschrieben.

① Male für jeden Laut, den du hörst, einen Punkt.
Schreibe die Wörter dazu:

Beispiel: ● ● ● ● Schaukel

● ● ●   ● ● ●   ● ● ●
Schal   Pfeil   Dach

● ● ● ●   ● ● ● ●   ● ● ●
Pfeife   Schlauch   Auge

● ● ●   ● ● ●   ● ●
Haus   Tasche   Eis

   Belle
oder
Bälle?

① Wandle um: a wird zu ä   u wird zu ü   o wird zu ö

ein Ast → viele Äste

ein Tuch → viele Tücher

ein Vogel → viele Vögel

ein Lamm → viele Lämmer

② E/e oder Ä/ä?

	Gibt es einen Verwandten mit A/a?	Dann schreibe ich …
	der Zahn	die Zähne
	der Apfel	die Äpfel
	das Herz	die Herzen
	die Kerze	die Kerzen
	das Blatt	die Blätter

③ Schreibe die Wörter im Plural auf. Was verändert sich?
Markiere mit einem farbigen Stift.

Bauch → viele Bäuche

Traum → viele Träume

Zaun → viele Zäune

① Zu welcher Wortfamilie gehören die Wörter?
Ordne die Wörter zu.

> fühlen – herausfinden – findig – Gefühl – einfühlsam –
> Erfinder – Fühler – Findling – fühlbar – sie findet

Wortfamilie find	Wortfamilie fühl
herausfinden	fühlen
findig	Gefühl
Erfinder	einfühlsam
Findling	Fühler
sie findet	fühlbar

② Hier haben sich zwei Wörter eingeschlichen. Streiche sie durch.
Schreibe die anderen Wörter auf.

> ausziehen – ziehen – Ziehung – hinausziehen – ~~vorzeigen~~ –
> aufziehen – Erziehung – ~~erzeugen~~ – überziehen –
> Beziehung – er zieht

ausziehen, ziehen, Ziehung, hinausziehen, aufziehen,
Erziehung, überziehen, Beziehung, er zieht

Die Wörter gehören zur Wortfamilie **zieh**

38

① Markiere den Wortstamm und die Vorsilbe: Ver kauf

Anzahl Versuch Umtausch Ausblick
Einkauf

② Markiere den Wortstamm und die Endung: herr lich

sonnig finden ängstlich mutig glücklich

③ Markiere Vorsilbe, Wortstamm und Endung:
an komm en

verschenken gefallen abbauen
umschauen vorgehen

④ Schreibe die passenden Wortstämme, Vorsilben oder
Endungen in die Lücken. Markiere die Bausteine.

mit spiel en lust ig versuch en
Ver kauf weg geh en gemüt lich
an komm en Un glück um fall en

> geh – ig – fall – en – Un – lich – Ver – komm – spiel

39

Nomen schreibe ich groß.
Ich erkenne sie daran, dass …

… es ein Name ist.
… ich einen Artikel davorsetzen kann.
… ich ein Adjektiv davorsetzen kann.

① Schreibe den bestimmten und unbestimmten Artikel zu den
Nomen.

| die | Kette | der | Pullover | das | Zeugnis |
| eine | | ein | | ein | |

② Setze ein passendes Adjektiv vor das Nomen.

> schmutzig – lecker – tosend – mutig – weiß – schwer –
> leer – lang – mulmig

die	weiße	Wolke	ein	schmutziger	Schuh
das	leckere	Eis	die	langen	Ferien
ein	schwerer	Rucksack	der	mutige	Löwe
ein	mulmiges	Gefühl	das	tosende	Meer
eine	leere	Tasse			

Auf S. 24/25 findest du
auch etwas zu Nomen.

40

③ Unterstreiche die Nomen. Schreibe die Sätze richtig auf.
Achte auf die Großschreibung der Nomen.

Die kleine hexe sucht den besen.
Die kleine Hexe sucht den Besen.

Morgen treffe ich eine freundin.
Morgen treffe ich eine Freundin.

In einer woche fahre ich mit meinem großen bruder in den zoo.
In einer Woche fahre ich mit meinem großen Bruder
in den Zoo.

Schon lange wünscht mirja sich einen roten schal.
Schon lange wünscht Mirja sich einen roten Schal.

In den sommerferien verreisen meine tante und ich zusammen.
In den Sommerferien verreisen meine Tante
und ich zusammen.

Tim geht jeden sonntag mit den hunden
in den park neben seinem haus.
Tim geht jeden Sonntag mit den Hunden in den Park
neben seinem Haus.

41

Wörter verlängern

Hand oder Hant?

die Han ___ → die Hän de also: die Hand (d oder t?)

1 **d** oder **t**? Finde den längeren Wortverwandten, der dir hilft.
Verbinde und ergänze dann den fehlenden Buchstaben.

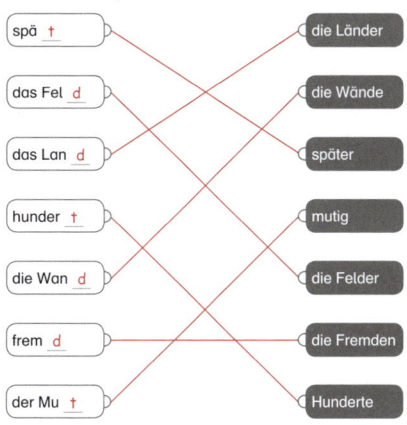

spä **t**	die Länder
das Fel **d**	die Wände
das Lan **d**	später
hunder **t**	mutig
die Wan **d**	die Felder
frem **d**	die Fremden
der Mu **t**	Hunderte

42

---

2 **g** oder **k**? Finde den fehlenden Buchstaben.
Verlängere dazu das Wort.

	g oder k?		
der Flu _g_	→	die Flü ge	also: der Flug
die Ban _k_	→	die Bänke	die Bank
der Käfi _g_	→	die Käfige	der Käfig
die Bur _g_	→	die Burgen	die Burg
der Schran _k_	→	die Schränke	der Schrank

3 **b** oder **p**? Suche zu jedem Wort den Verwandten im Wortgitter.
Ergänze dann den fehlenden Buchstaben.

der Kor _b_
das Lo _b_
er schrie _b_
das Mikrosko _p_
gel _b_
hal _b_
sie scho _b_
das Sie _b_
der Ty _p_

s	c	h	r	e	i	b	e	n	z	f
l	K	T	V	B	Z	M	S	ö	f	l
P	ö	y	g	Ö	S	i	i	s	T	S
Ü	r	p	i	T	C	k	e	E	A	f
R	b	e	W	V	u	r	b	Ä	F	Ä
m	e	n	V	h	u	o	e	v	C	Z
h	a	l	b	i	e	r	e	n	X	J
u	j	M	Z	D	q	k	b	B	v	Ü
g	e	l	b	e	l	o	b	e	n	e
c	v	u	O	s	E	p	R	k	Ä	ü
ü	a	s	c	h	i	e	b	e	n	o

43

---

ie

1 Sprich die Wörter deutlich. Markiere ein lang gesprochenes ⓘ
mit —, ein kurz gesprochenes mit •.

die Kiste	die Biene	nie	schwimmen
•	—	—	•
ziehen	der Pilz	kriechen	wir liefen
—	•	—	—
fit	lieb	der Blitz	das Sieb
•	—	•	—

❓! Vervollständige:
Das lang gesprochene ⓘ schreibe ich meistens als ___ie___.

2 Male Wörter, die zur gleichen Wortfamilie gehören, mit der
gleichen Farbe an.

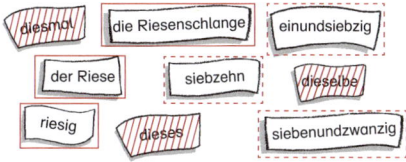

diesmal — die Riesenschlange — einundsiebzig
der Riese — siebzehn — dieselbe
riesig — dieses — siebenundzwanzig

3 Finde möglichst viele Wörter zu dieser Wortfamilie.

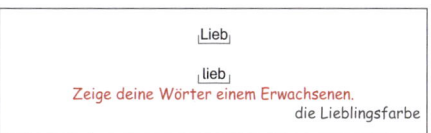

Lieb

lieb
Zeige deine Wörter einem Erwachsenen.
die Lieblingsfarbe

44

Doppelkonsonanten

W a f e l
oder

W a f f e l?

1 Schreibe diese Wörter mit Doppelkonsonanten auf.
Sprich dabei in Silben.

das Kissen	der Koffer	die Welle
die Tanne	die Puppe	der Bagger
die Tasse	der Teppich	die Kanne

2 Markiere die Doppelkonsonanten gelb und zeichne die
Silbenbögen ein.

❓! Der Vokal vor einem Doppelkonsonanten wird immer ___kurz___
gesprochen.

45

① Markiere den Doppelvokal in diesen Wörtern rot.

das Boot	das Boot	das Boot
das Haar	das Haar	das Haar
der Klee	der Klee	der Klee
das Meer	das Meer	das Meer
der Saal	der Saal	der Saal
das Paar	das Paar	das Paar
der See	der See	der See
das Moos	das Moos	das Moos
der Zoo	der Zoo	der Zoo
die Waage	die Waage	die Waage
der Kaffee	der Kaffee	der Kaffee

② Schreibe jedes Wort einmal in die 2. Spalte.
Kontrolliere danach Buchstabe für Buchstabe.

③ Merke dir jeweils ein Wort, decke es ab und schreibe es
auswendig in die 3. Spalte. Kontrolliere danach.

④ Bilde viele zusammengesetzte Wörter mit Tee.

Teebeutel

Zeige deine Wörter
einem Erwachsenen.

---

① Finde zu jedem Rätsel das Lösungswort mit stummem h.

Das Männchen der Henne heißt _____ Hahn _____.

Der Zahnarzt benutzt einen _____ Bohrer _____.

Darauf sitzt man am Tisch: _____ Stuhl _____.

Wir zahlen 500 € Miete für unsere _____ Wohnung _____.

Ich habe nur drei _____ Fehler _____ im Diktat.

Zum Brot backen braucht man _____ Mehl _____.

Es ist keine Tochter, sondern ein _____ Sohn _____.

Mir wackelt ein _____ Zahn _____.

② Ordne die Wörter aus Aufgabe 1 in die Tabelle ein.
Suche weitere Wörter dazu. Markiere das stumme h rot.

ah	eh	oh	uh
Hahn	Fehler	Bohrer	Stuhl
Zahn	Mehl	Wohnung	
		Sohn	

Gehe jedem noch so kleinen Zweifel nach.
Diese Tipps können dir helfen.

1. Wortbausteine nutzen S. 39
2. Wortfamilien erkennen S. 38
3. Doppelkonsonanten erkennen S. 45
4. Wörter verlängern S. 42-43
5. Großschreibung erkennen S. 40-41
6. Wörter merken S. 46-47
7. Nachschlagen

① Zweifle daran, wie diese Wörter geschrieben sind. Markiere die
Fehler. Zeichne in die zweite Spalte das Zeichen für den Tipp,
der dir geholfen hat. Fülle die dritte Spalte aus.

die Heuser	👫👫	das Haus, die Häuser
das Mer	M	das Meer
der Tedy	••••	der Teddy
das buch	A a	das Buch
zehlen	👫👫👫	die Zahl, zählen
die Hant	↵	die Hände, die Hand
schnel	••••	schneller, schnell
der Zan	M	der Zahn
der Knal	••••	knallen, der Knall

Rechtschreibung	👑	👑👑	👑👑👑	👑👑👑👑
1. Ich kann mithilfe von Wort-verwandten Wörter mit ä und äu richtig schreiben.				
2. Ich kann Wortfamilien und Wortbausteine zum Richtig-schreiben nutzen.				
3. Ich schreibe Nomen groß.				
4. Ich kann durch Verlängern Wörter am Ende richtig mit d oder t, g oder k, b oder p schreiben.				
5. Ich kann mir helfen, wenn ich beim Schreiben Zweifel habe.				

① Lies dir die Punkte in Ruhe durch.

② Kreuze an, wie du dich
einschätzt.

Ich weiß über mein
Lernen Bescheid.

① Verbinde die Buchstaben des ABC. Zuerst von A bis Z, dann von z bis a. Schreibe dazu, was entstanden ist.

Hund

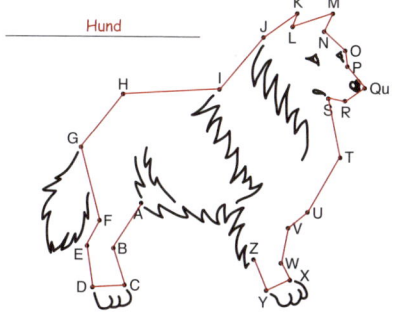

Ente

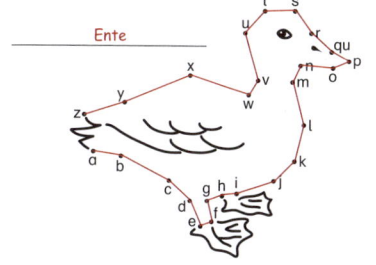

② Beim Aufschreiben der ABC-Reihen sind Fehler passiert. Korrigiere sie.

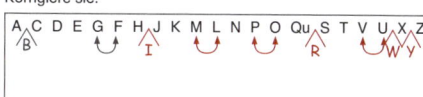

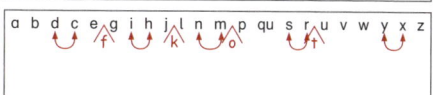

③ Findest du die Fehler auch, wenn das ABC von hinten nach vorne geschrieben ist?

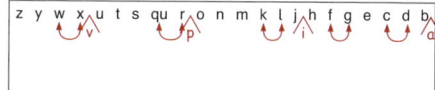

---

① Schaue in deinem Wörterbuch jeden Buchstaben durch und schreibe dein eigenes

Lieblingswörter-ABC

A: _____ N: _____

B: _____ O: _____

C: _____ P: _____

D: _____ Qu _____

E: _Zeige deine Wörter_ R: _____

F: _einem Erwachsenen._ S: _____

G: _____ T: _____

H: _____ U: _____

I: _____ V: _____

J: _____ W: _____

K: _____ X: _____

L: _____ Y: _____

M: _____ Z: _____

② Hier ist Platz für dein ABC mit lustigen, ekligen, besonders langen, … Wörtern.

_____

A: _____ N: _____

B: _____ O: _____

C: _____ P: _____

D: _____ Qu _____

E: _Zeige deine Wörter_ R: _____

F: _einem Erwachsenen._ S: _____

G: _____ T: _____

H: _____ U: _____

I: _____ V: _____

J: _____ W: _____

K: _____ X: _____

L: _____ Y: _____

M: _____ Z: _____

In einem Wörterbuch gibt es Hilfen, um Wörter möglichst schnell zu finden.

① Kreuze an, was du in deinem Wörterbuch findest:

☐ Am Rand steht das ABC, in dem ein Buchstabe hervorgehoben ist.

☐ Die alphabetisch sortierten Wörter sind fett oder farbig gedruckt.

☐ Oben auf der Seite stehen Buchstaben, z. B. to – tr oder Schw.

> Die Buchstaben oben auf der Seite heißen auch Kopfbuchstaben.

② Schlage die folgenden Wörter nach und ergänze die Tabelle. Achte beim Suchen besonders auf die Kopfbuchstaben.

gesuchtes Wort	Seite	Kopfbuchstaben
fleißig		
kriechen		
Straße		
glatt		
Decke		
streiten		

Du findest in deinem Wörterbuch außer den fett oder farbig gedruckten Wörtern noch Hilfen fürs Richtigschreiben.

③ Kreuze an, was du alles findest:

☐ Bei den Nomen steht immer der Plural dabei. (z. B. der Brand, die Brände)

☐ Bei den Verben steht eine gebeugte Form dabei. (z. B. treffen, du triffst)

☐ Bei unregelmäßigen Verben steht eine Vergangenheitsform dabei. (z. B. wiegen, sie wog)

☐ Bei unregelmäßigen Adjektiven stehen auch die Vergleichsstufen dabei. (z. B. lang, länger, am längsten)

☐ Bei mehrsilbigen Wörtern ist die Trennung durch einen Strich gekennzeichnet. (z. B. der Ge|burts|tag)

☐ Nach dem Wörterteil sind Tipps oder Regeln und Übungen zum richtigen Schreiben gesammelt.

☐ Hinter manchen Wörtern steht eine Zahl, die auf einen Tipp zum richtigen Schreiben verweist.

Zeige deine Lösungen einem Erwachsenen.

Wenn der 1. und der 2. Buchstabe bei Wörtern gleich sind, musst du auf den 3. Buchstaben achten.

① Ordne die Wörter so, wie sie im Wörterbuch stehen.

das Ge **b** äude _____

das Ge **d** icht _____

die Ge **f** ahr _____

das Ge **g** enteil _____

das Ge **h** irn _____

die Ge **i** ge _____

das Ge **l** d _____

das Ge **m** üse _____

das Ge **n** ick _____

das Ge **p** äck _____

das Ge **r** äusch _____

die Ge **s** undheit _____

das Ge **t** ränk _____

das Ge **w** icht _____

Gepäck
Gefahr
Genick
Getränk
Gegenteil
Gehirn
Geige
Gebäude
Gewicht
Geld
Gemüse
Gesundheit
Gedicht
Geräusch

Achte auf den 2. und den 3. Buchstaben.

② Ordne die Wörter so, wie sie im Wörterbuch stehen.

umsonst _____
unsichtbar _____
Unwetter _____

Unwetter
umsonst
unsichtbar

knurren _____
Kobold _____
Koch _____
kommen _____

Koch
knurren
kommen
Kobold

Pelz _____
perfekt _____
pfeifen _____
pfiffig _____
pflegen _____

pfiffig
perfekt
pflegen
pfeifen
Pelz

Wenn der 1. Buchstabe gleich ist, musst du auf den 2. achten, wenn der 2. gleich ist auf den 3., wenn der 3. gleich ist auf den 4., …

① Ordne die Wörter der richtigen Stelle zu.

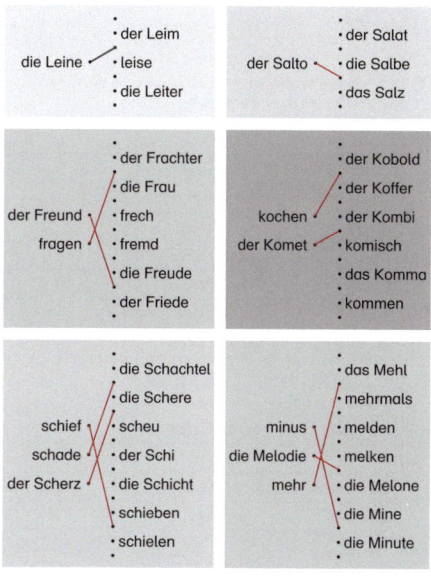

Das sind Namen, die viele Eltern in Deutschland ihren Kindern in den letzten Jahren gegeben haben.

② Ordne die Namen alphabetisch. Ordne deinen eigenen Namen auch ein.

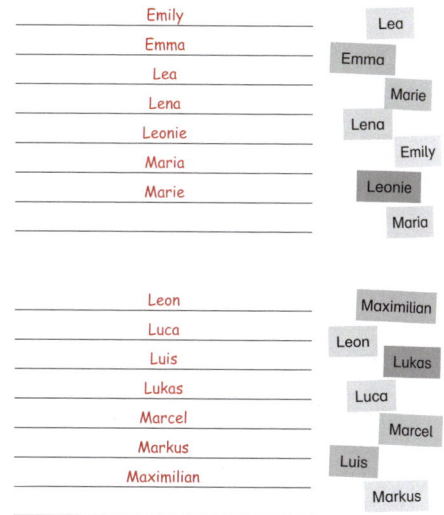

Emily	Lea
Emma	Emma
Lea	Marie
Lena	Lena
Leonie	Emily
Maria	Leonie
Marie	Maria
Leon	Maximilian
Luca	Leon
Luis	Lukas
Lukas	Luca
Marcel	Marcel
Markus	Luis
Maximilian	Markus

58

59

Denke dir die Pünktchen einfach weg, wenn du Wörter mit ä, ö, ü oder äu suchst oder alphabetisch ordnest.

① Ordne die Wörter in jedem Kasten alphabetisch, wie sie im Wörterbuch hintereinander stehen.

Kontrolliere mit deinem Wörterbuch.

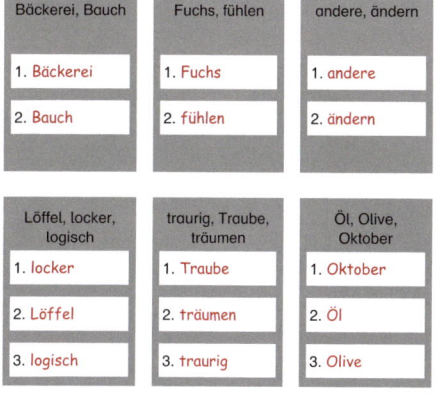

Bäckerei, Bauch	Fuchs, fühlen	andere, ändern
1. Bäckerei	1. Fuchs	1. andere
2. Bauch	2. fühlen	2. ändern

Löffel, locker, logisch	traurig, Traube, träumen	Öl, Olive, Oktober
1. locker	1. Traube	1. Oktober
2. Löffel	2. träumen	2. Öl
3. logisch	3. traurig	3. Olive

② Welches Wort steht in deinem Wörterbuch vor dem Wort mit „ä, ö, ü oder äu", welches dahinter?

Schlage nach und schreibe sie auf.

die Nähe	dünn	die Höhle
das Gebäude	die Ärztin	glühen
hängen	überqueren	die Höhe

Zeige deine Lösungen einem Erwachsenen.

60

61

Wenn du ein Wort mit Vorsilbe nicht im Wörterbuch findest, suche es ohne Vorsilbe.

① Markiere bei diesen Wörtern die Vorsilbe.

|aufschreiben, Vorschlag, verbrennen, Abkürzung,

wegtragen, Entschuldigung, zerbrechen, Unfall

② Schlage die Wörter aus der Tabelle in deinem Wörterbuch nach und ergänze.

	steht im Wörterbuch	steht ohne Vorsilbe im Wörterbuch	
vergessen	S.		
weglaufen		weg	laufen, S.
Vorbild			
abrutschen			
entwickeln	Zeige deine Lösungen einem Erwachsenen.		
zerstören			
abreißen			
aufräumen			
verlaufen			
unruhig			
vormachen			

In deinem Wörterbuch zeigt ein senkrechter Strich bei mehrsilbigen Wörtern an, wo man sie trennen kann.

der Ge|burts|tag, kos|ten, flüs|sig

Viele Wörter trennt man, wie man die Silben spricht. Wenn du Zweifel hast, kannst du im Wörterbuch nachschlagen.

① Schreibe die Wörter nach Silben getrennt in die Tabelle. Kontrolliere mit dem Wörterbuch.

die Dose	die Do - se	✔
lernen	~~lern - en~~	ler - nen
sieben	sie - ben	
waschen	wa - schen	
Montag	Mon - tag	
gestern	ges - tern	
pflanzen	pflan - zen	
verlieren	ver - lie - ren	
der Frieden	der Frie - den	
fliegen	flie - gen	
bezahlen	be - zah - len	
leise	lei - se	
das Mädchen	das Mäd - chen	
sehen	se - hen	

Nachschlagen				
1. Ich kann das ABC sicher.				
2. Ich kann Wörter nach dem 2. und 3. Buchstaben ordnen.				
3. Ich kann Wörter nach dem 2., 3. und 4. Buchstaben ordnen.				
4. Ich kann Wörter mit ä, ö, ü oder äu im Wörterbuch finden.				
5. Ich kann Wörter mit Vorsilben im Wörterbuch finden.				
6. Ich kann das Wörterbuch beim Trennen von Wörtern nutzen.				

① Lies dir die Punkte in Ruhe durch.

② Kreuze an, wie du dich einschätzt.

Ich weiß über mein Lernen Bescheid.

1 Erweitere den Satz. Schreibe auf.

Paul   liest

| ein Buch | in den Ferien | auf dem Sofa | mit Vergnügen |

2 Erweitere mit passenden Satzgliedern. Schreibe den Satz auf.

Anna und Paul   besuchen   ihre Tante

| heute | in der Stadt | am Meer | kaufen |

3 Finde passende Satzglieder. Schreibe auf.

Anna   läuft

korrigiert:

1 Welche Satzglieder müssen für einen vollständigen Satz stehenbleiben?
Streiche die anderen weg.
Schreibe die gekürzten Sätze auf.

Beispiel:

Die Katze schleicht ~~in der Früh aus dem Haus.~~

Die Katze schleicht.

Sema und Anne lachen in der Schule über einen Witz.

_____

Der Zug fährt heute mit Verspätung.

_____

Der Wasserhahn in der Küche tropft seit Stunden.

_____

Paul spielt mit seinem Ball im Regen.

_____

korrigiert: ☐

Grammatik	👑	👑👑👑	👑👑👑👑	👑👑👑👑👑
1. Ich kann Nomen nach Oberbegriffen ordnen.				
2. Ich kann Verben in unterschiedlichen Personalformen benutzen.				
3. Ich kann Verben im Präteritum und im Perfekt benutzen.				
4. Ich kann Pronomen in Sätze einfügen.				
5. Ich kann mit Adjektiven vergleichen.				
6. Ich kann Pronomen in Sätzen verwenden.				
7. Ich kann Satzglieder umstellen.				
8. Ich kann Sätze mit Satzgliedern erweitern.				
9. Ich kann Satzglieder weglassen.				

1 Lies dir die Punkte in Ruhe durch.

2 Kreuze an, wie du dich einschätzt.

Ich weiß über mein Lernen Bescheid.

Ein Laut – mehrere Buchstaben

Achtung: Manche Laute werden mit 2 oder 3 Buchstaben geschrieben.

1 Male für jeden Laut, den du hörst, einen Punkt.
Schreibe die Wörter dazu:

Beispiel:   Schaukel

  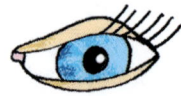

korrigiert:

36

Belle
oder
Bälle?

1 Wandle um: a wird zu ä   u wird zu ü   o wird zu ö

ein Ast   ➝   viele _____

ein Tuch   ➝   viele _____

ein Vogel   ➝   viele _____

ein Lamm   ➝   viele _____

2 E/e oder Ä/ä?

	Gibt es einen Verwandten mit A/a?	Dann schreibe ich …
🦷	der Zahn	die Zähne
🍎		
❤️		
🕯️		
🍃		

3 Schreibe die Wörter im Plural auf. Was verändert sich?
Markiere mit einem farbigen Stift.

Bauch   ➝   viele _____

Traum   ➝   viele _____

Zaun   ➝   viele _____

korrigiert: ☐

① Zu welcher Wortfamilie gehören die Wörter?
Ordne die Wörter zu.

> fühlen – herausfinden – findig – Gefühl – einfühlsam –
> Erfinder – Fühler – Findling – fühlbar – sie findet

Wortfamilie find	Wortfamilie fühl

② Hier haben sich zwei Wörter eingeschlichen. Streiche sie durch.
Schreibe die anderen Wörter auf.

> ausziehen – ziehen – Ziehung – hinausziehen – vorzeigen –
> aufziehen – Erziehung – erzeugen – überziehen –
> Beziehung – er zieht

Die Wörter gehören zur Wortfamilie

korrigiert: ☐

38

① Markiere den Wortstamm und die Vorsilbe: V e r k a u f

A n z a h l   V e r s u c h   U m t a u s c h   A u s b l i c k

E i n k a u f

② Markiere den Wortstamm und die Endung: h e r r l i c h

s o n n i g   f i n d e n   ä n g s t l i c h   m u t i g   g l ü c k l i c h

③ Markiere Vorsilbe, Wortstamm und Endung:
a n k o m m e n

v e r s c h e n k e n   g e f a l l e n   a b b a u e n

u m s c h a u e n   v o r g e h e n

④ Schreibe die passenden Wortstämme, Vorsilben oder
Endungen in die Lücken. Markiere die Bausteine.

mit _____ en   lust _____   versuch _____

_____ kauf   weg _____ en   gemüt _____

an _____ en   _____ glück   um _____ en

geh – ig – fall – en – Un – lich – Ver – komm – spiel

Nomen schreibe ich groß.
Ich erkenne sie daran, dass …

… es ein **Name** ist.

… ich einen **Artikel** davorsetzen kann.

… ich ein **Adjektiv** davorsetzen kann.

1 Schreibe den bestimmten und unbestimmten Artikel zu den Nomen.

_____ Kette _____ Pullover _____ Zeugnis

_____ _____ _____

2 Setze ein passendes Adjektiv vor das Nomen.

> schmutzig – lecker – tosend – mutig – weiß – schwer –
> leer – lang – mulmig

die _____ Wolke   ein _____ Schuh

das _____ Eis   die _____ Ferien

ein _____ Rucksack   der _____ Löwe

ein _____ Gefühl   das _____ Meer

eine _____ Tasse

Auf S. 24/25 findest du auch etwas zu Nomen.

3 Unterstreiche die Nomen. Schreibe die Sätze richtig auf.
Achte auf die Großschreibung der Nomen.

Die kleine hexe sucht den besen.

_____

Morgen treffe ich eine freundin.

_____

In einer woche fahre ich mit meinem großen bruder in den zoo.

_____

_____

Schon lange wünscht mirja sich einen roten schal.

_____

_____

In den sommerferien verreisen meine tante und ich zusammen.

_____

_____

Tim geht jeden sonntag mit den hunden
in den park neben seinem haus.

_____

_____

korrigiert: ☐

Hand oder Hant?

die Han ___  **d oder t?** die Hän **de** also: die Han**d**

1 **d oder t?** Finde den längeren Wortverwandten, der dir hilft. Verbinde und ergänze dann den fehlenden Buchstaben.

spä ___	die Länder
das Fel ___	die Wände
das Lan ___	später
hunder ___	mutig
die Wan ___	die Felder
frem ___	die Fremden
der Mu ___	Hunderte

2 **g** oder **k**? Finde den fehlenden Buchstaben.
Verlängere dazu das Wort.

der Flu ___   g oder k?   die Flü g e   also: _____

die Ban ___   g oder k?   _____   _____

der Käfi ___   g oder k?   _____   _____

die Bur ___   g oder k?   _____   _____

der Schran ___   g oder k?   _____   _____

3 **b** oder **p**? Suche zu jedem Wort den Verwandten im Wortgitter.
Ergänze dann den fehlenden Buchstaben.

der Kor ___

das Lo ___

er schrie ___

das Mikrosko ___

gel ___

hal ___

sie scho ___

das Sie ___

der Ty ___

s	c	h	r	e	i	b	e	n	z	f
l	K	T	V	B	Z	M	S	ö	f	I
P	ö	y	g	Ö	S	i	i	s	T	S
Ü	r	p	i	T	C	k	e	E	A	f
R	b	e	W	V	u	r	b	Ä	F	Ä
m	e	n	V	h	u	o	e	v	C	Z
h	a	l	b	i	e	r	e	n	X	J
u	j	M	Z	D	q	k	b	B	v	Ü
g	e	l	b	e	l	o	b	e	n	e
c	v	u	O	s	E	p	R	k	Ä	ü
ü	a	s	c	h	i	e	b	e	n	o

korrigiert: ☐

43

1 Sprich die Wörter deutlich. Markiere ein lang gesprochenes (i)
mit —, ein kurz gesprochenes mit • .

die Kiste	die Biene	nie	schwimmen
☐	☐	☐	☐
ziehen	der Pilz	kriechen	wir liefen
☐	☐	☐	☐
fit	lieb	der Blitz	das Sieb
☐	☐	☐	☐

?! Vervollständige:
Das lang gesprochene (i) schreibe ich meistens als _____ .

2 Male Wörter, die zur gleichen Wortfamilie gehören, mit der
gleichen Farbe an.

diesmal   die Riesenschlange   einundsiebzig

der Riese   siebzehn   dieselbe

riesig   dieses   siebenundzwanzig

3 Finde möglichst viele Wörter zu dieser Wortfamilie.

Lieb

lieb

die Lieblingsfarbe

korrigiert: ☐

44

W a f e l

oder

W a f f e l ?

1 Schreibe diese Wörter mit Doppelkonsonanten auf.
Sprich dabei in Silben.

das Kissen

_____

_____

_____

_____

_____

_____

_____

_____

2 Markiere die Doppelkonsonanten gelb und zeichne die
Silbenbögen ein.

?! Der Vokal vor einem Doppelkonsonanten wird immer _____
gesprochen.

korrigiert: ☐

1 Markiere den Doppelvokal in diesen Wörtern rot.

das Boot		
das Haar		
der Klee		
das Meer		
der Saal		
das Paar		
der See		
das Moos		
der Zoo		
die Waage		
der Kaffee		

2 Schreibe jedes Wort einmal in die 2. Spalte.
   Kontrolliere danach Buchstabe für Buchstabe.

3 Merke dir jeweils ein Wort, decke es ab und schreibe es
   auswendig in die 3. Spalte. Kontrolliere danach.

4 Bilde viele zusammengesetzte Wörter mit Tee.

Teebeutel

korrigiert: ☐

1 Finde zu jedem Rätsel das Lösungswort mit stummem h.

Das Männchen der Henne heißt _____ .

Der Zahnarzt benutzt einen _____ .

Darauf sitzt man am Tisch: _____ .

Wir zahlen 500 € Miete für unsere _____ .

Ich habe nur drei _____ im Diktat.

Zum Brot backen braucht man _____ .

Es ist keine Tochter, sondern ein _____ .

Mir wackelt ein _____ .

2 Ordne die Wörter aus Aufgabe 1 in die Tabelle ein.
Suche weitere Wörter dazu. Markiere das stumme h rot.

ah	eh	oh	uh

korrigiert: ☐

Gehe jedem noch so kleinen Zweifel nach.
Diese Tipps können dir helfen.

1. Wortbausteine nutzen S. 39
2. Wortfamilien erkennen S. 38
3. Doppelkonsonanten erkennen S. 45
4. Wörter verlängern S. 42-43
5. Großschreibung erkennen S. 40-41
6. Wörter merken S. 46-47
7. Nachschlagen

1 Zweifle daran, wie diese Wörter geschrieben sind. Markiere die Fehler. Zeichne in die zweite Spalte das Zeichen für den Tipp, der dir geholfen hat. Fülle die dritte Spalte aus.

die Heuser	🧍🧍🧍🧍	das Haus, die Häuser
das Mer		
der Tedy		
das buch		
zehlen		
die Hant		
schnel		
der Zan		
der Knal		

korrigiert: ☐

48

Rechtschreibung	👑	👑👑	👑👑👑	👑👑👑👑
1. Ich kann mithilfe von Wort- verwandten Wörter mit ä und äu richtig schreiben.				
2. Ich kann Wortfamilien und Wortbausteine zum Richtig- schreiben nutzen.				
3. Ich schreibe Nomen groß.				
4. Ich kann durch Verlängern Wörter am Ende richtig mit d oder t, g oder k, b oder p schreiben.				
5. Ich kann mir helfen, wenn ich beim Schreiben Zweifel habe.				

① Lies dir die Punkte in Ruhe durch.

② Kreuze an, wie du dich einschätzt.

Ich weiß über mein Lernen Bescheid.

1 Verbinde die Buchstaben des ABC. Zuerst von A bis Z, dann von z bis a. Schreibe dazu, was entstanden ist.

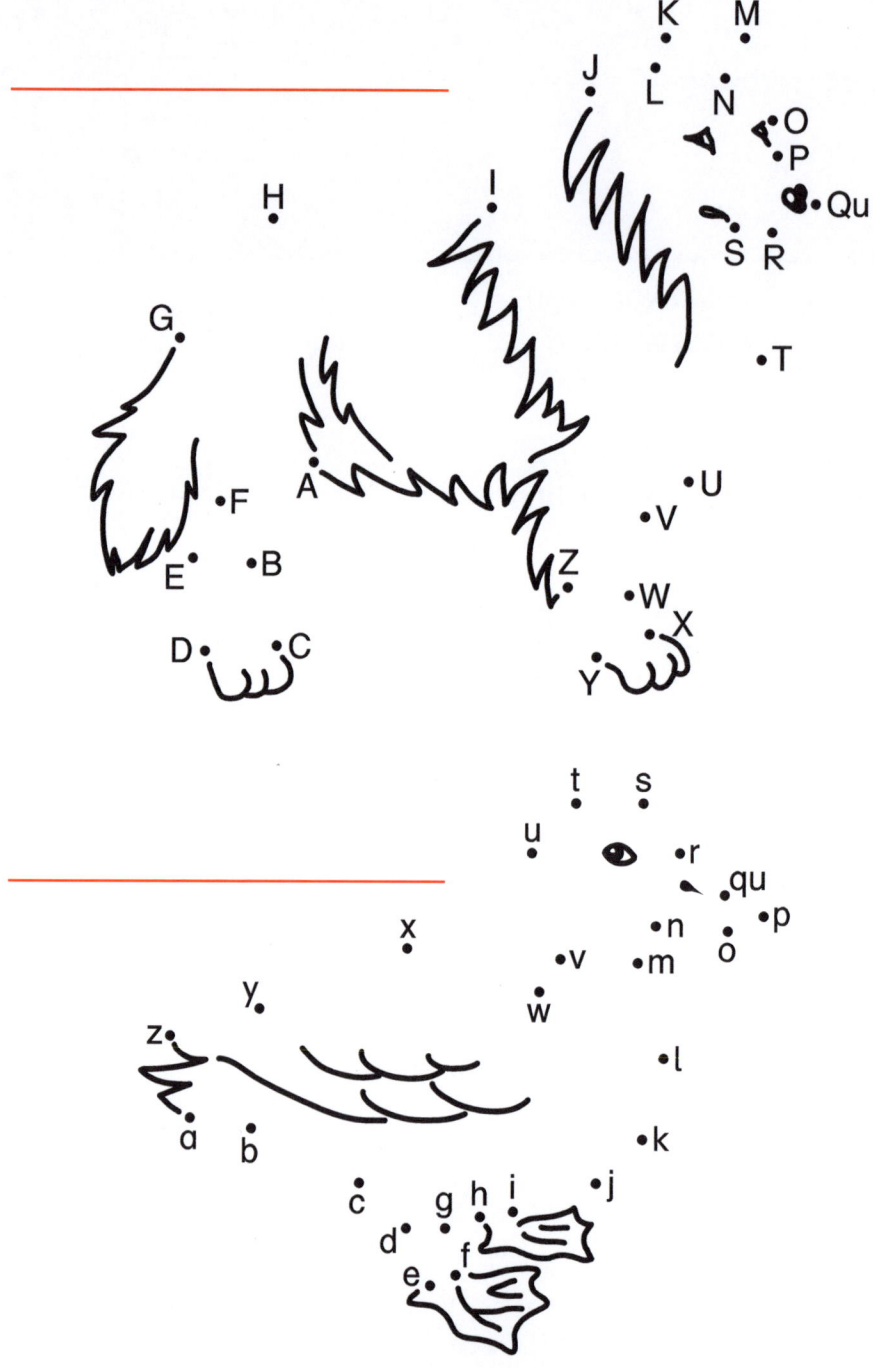

2 Beim Aufschreiben der ABC-Reihen sind Fehler passiert. Korrigiere sie.

A C D E G F H J K M L N P O Qu S T V U X Z
B

a b d c e g i h j l n m p qu s r u v w y x z

3 Findest du die Fehler auch, wenn das ABC von hinten nach vorne geschrieben ist?

Z Y X V U T S R P O N M K J I H F E C B A

z y w x u t s qu r o n m k l j h f g e c d b

korrigiert:

1 Schaue in deinem Wörterbuch jeden Buchstaben durch und schreibe dein eigenes

Lieblingswörter-ABC

A: _____   N: _____

B: _____   O: _____

C: _____   P: _____

D: _____   Qu _____

E: _____   R: _____

F: _____   S: _____

G: _____   T: _____

H: _____   U: _____

I: _____   V: _____

J: _____   W: _____

K: _____   X: _____

L: _____   Y: _____

M: _____   Z: _____

2 Hier ist Platz für dein ABC mit lustigen, ekligen, besonders langen, ... Wörtern.

_____

A: _____   N: _____

B: _____   O: _____

C: _____   P: _____

D: _____   Qu _____

E: _____   R: _____

F: _____   S: _____

G: _____   T: _____

H: _____   U: _____

I: _____   V: _____

J: _____   W: _____

K: _____   X: _____

L: _____   Y: _____

M: _____   Z: _____

korrigiert: ☐

In einem Wörterbuch gibt es Hilfen, um Wörter möglichst schnell zu finden.

1. Kreuze an, was du in deinem Wörterbuch findest:

☐ Am Rand steht das ABC, in dem ein Buchstabe hervorgehoben ist.

☐ Die alphabetisch sortierten Wörter sind fett oder farbig gedruckt.

☐ Oben auf der Seite stehen Buchstaben, z. B. to – tr oder Schw.

> Die Buchstaben oben auf der Seite heißen auch Kopfbuchstaben.

2. Schlage die folgenden Wörter nach und ergänze die Tabelle. Achte beim Suchen besonders auf die Kopfbuchstaben.

gesuchtes Wort	Seite	Kopfbuchstaben
fleißig		
kriechen		
Straße		
glatt		
Decke		
streiten		

Du findest in deinem Wörterbuch außer den fett oder farbig gedruckten Wörtern noch Hilfen fürs Richtigschreiben.

③ Kreuze an, was du alles findest:

☐ Bei den Nomen steht immer der Plural dabei.
(z. B. der Brand, die Brände)

☐ Bei den Verben steht eine gebeugte Form dabei.
(z. B. treffen, du triffst)

☐ Bei unregelmäßigen Verben steht eine Vergangenheitsform dabei.
(z. B. wiegen, sie wog)

☐ Bei unregelmäßigen Adjektiven stehen auch die Vergleichsstufen dabei.
(z. B. lang, länger, am längsten)

☐ Bei mehrsilbigen Wörtern ist die Trennung durch einen Strich gekennzeichnet.
(z. B. der Ge|burts|tag)

☐ Nach dem Wörterteil sind Tipps oder Regeln und Übungen zum richtigen Schreiben gesammelt.

☐ Hinter manchen Wörtern steht eine Zahl, die auf einen Tipp zum richtigen Schreiben verweist.

korrigiert: ☐

Wenn der 1. und der 2. Buchstabe bei Wörtern gleich sind, musst du auf den 3. Buchstaben achten.

① Ordne die Wörter so, wie sie im Wörterbuch stehen.

das Ge **b** _____   Gepäck

_____ Ge **d** _____   Gefahr

_____ Ge **f** _____   Genick

_____ Ge **g** _____   Getränk

_____ Ge **h** _____   Gegenteil

_____ Ge **i** _____   Gehirn

_____ Ge **l** _____   Geige

_____ Ge **m** _____   Gebäude

_____ Ge **n** _____   Gewicht

_____ Ge **p** _____   Geld

_____ Ge **r** _____   Gemüse

_____ Ge **s** _____   Gesundheit

_____ Ge **t** _____   Gedicht

_____ Ge **w** _____   Geräusch

Achte auf den 2. und den 3. Buchstaben.

2 Ordne die Wörter so, wie sie im Wörterbuch stehen.

Unwetter

umsonst

unsichtbar

Koch

knurren

kommen

Kobold

pfiffig

perfekt

pflegen

pfeifen

Pelz

korrigiert: ☐

Wenn der 1. Buchstabe gleich ist, musst du auf den 2. achten, wenn der 2. gleich ist auf den 3., wenn der 3. gleich ist auf den 4., …

① Ordne die Wörter der richtigen Stelle zu.

die Leine
- der Leim
- leise
- die Leiter

der Salto
- der Salat
- die Salbe
- das Salz

der Freund
fragen
- der Frachter
- die Frau
- frech
- fremd
- die Freude
- der Friede

kochen
der Komet
- der Kobold
- der Koffer
- der Kombi
- komisch
- das Komma
- kommen

schief
schade
der Scherz
- die Schachtel
- die Schere
- scheu
- der Schi
- die Schicht
- schieben
- schielen

minus
die Melodie
mehr
- das Mehl
- mehrmals
- melden
- melken
- die Melone
- die Mine
- die Minute

58

Das sind Namen, die viele Eltern in Deutschland ihren Kindern in den letzten Jahren gegeben haben.

2 Ordne die Namen alphabetisch. Ordne deinen eigenen Namen auch ein.

_____

_____

_____

_____

_____

_____

_____

Lea

Emma

Marie

Lena

Emily

Leonie

Maria

_____

_____

_____

_____

_____

_____

_____

Maximilian

Leon

Lukas

Luca

Marcel

Luis

Markus

korrigiert: ☐

Denke dir die Pünktchen einfach weg, wenn du Wörter mit ä, ö, ü oder äu suchst oder alphabetisch ordnest.

① Ordne die Wörter in jedem Kasten alphabetisch, wie sie im Wörterbuch hintereinander stehen.

Kontrolliere mit deinem Wörterbuch.

Bäckerei, Bauch
1.
2.

Fuchs, fühlen
1.
2.

andere, ändern
1.
2.

Löffel, locker, logisch
1.
2.
3.

traurig, Traube, träumen
1.
2.
3.

Öl, Olive, Oktober
1.
2.
3.

2 Welches Wort steht in deinem Wörterbuch vor dem Wort mit
„ä, ö, ü oder äu", welches dahinter?

Schlage nach und schreibe sie auf.

die Nähe	dünn	die Höhle
das Gebäude	die Ärztin	glühen
hängen	überqueren	die Höhe

korrigiert:

Wenn du ein Wort mit Vorsilbe nicht im Wörterbuch findest, suche es ohne Vorsilbe.

1 Markiere bei diesen Wörtern die Vorsilbe.

aufschreiben, Vorschlag, verbrennen, Abkürzung,

wegtragen, Entschuldigung, zerbrechen, Unfall

2 Schlage die Wörter aus der Tabelle in deinem Wörterbuch nach und ergänze.

	steht im Wörterbuch	steht ohne Vorsilbe im Wörterbuch	
vergessen	S.		
weglaufen		weg	laufen, S.
Vorbild			
abrutschen			
entwickeln			
zerstören			
abreißen			
aufräumen			
verlaufen			
unruhig			
vormachen			

korrigiert: ☐

In deinem Wörterbuch zeigt ein senkrechter Strich bei mehrsilbigen Wörtern an, wo man sie trennen kann.

der Ge|burts|tag, kos|ten, flüs|sig

Viele Wörter trennt man, wie man die Silben spricht. Wenn du Zweifel hast, kannst du im Wörterbuch nachschlagen.

1 Schreibe die Wörter nach Silben getrennt in die Tabelle. Kontrolliere mit dem Wörterbuch.

die Dose	die Do - se	✔
lernen	~~lern - en~~	ler - nen
sieben		
waschen		
Montag		
gestern		
pflanzen		
verlieren		
der Frieden		
fliegen		
bezahlen		
leise		
das Mädchen		
sehen		

korrigiert: ☐

63

Nachschlagen	👑	👑👑	👑👑👑	👑👑👑👑
1. Ich kann das ABC sicher.				
2. Ich kann Wörter nach dem 2. und 3. Buchstaben ordnen.				
3. Ich kann Wörter nach dem 2., 3. und 4. Buchstaben ordnen.				
4. Ich kann Wörter mit ä, ö, ü oder äu im Wörterbuch finden.				
5. Ich kann Wörter mit Vorsilben im Wörterbuch finden.				
6. Ich kann das Wörterbuch beim Trennen von Wörtern nutzen.				

① Lies dir die Punkte in Ruhe durch.

② Kreuze an, wie du dich einschätzt.

Ich weiß über mein Lernen Bescheid.